A TU
MANERA

Mercedes Maroto Márquez

MANUALES|27
DE ORACIÓN

PPC

Fotografías
Album; Archivo SM; iStock; Shutterstock

© 2024, Mercedes Maroto

© 2024, PPC, Editorial y distribuidora, S. A.
  Parque empresarial Prado del Espino
  Impresores, 2
  28660, Boadilla del Monte (Madrid)
  ppcedit@ppc–editorial.com
  www.ppc-editorial.es

ISBN: 978-84-288-4141-2
Depósito legal: M-5079-2024
Editado en España / *edited in Spain*
Impreso en la Unión Europea / *printed in European Union*

Ama y haz lo que quieras;
si callas, calla con amor;
si gritas, grita con amor;
si corriges, corrige con amor;
si perdonas, perdona con amor.

San Agustín

PRÓLOGO

> Ya toda me entregué y di.
> Y de tal suerte he trocado,
> que es mi Amado para mí
> y yo soy para mi Amado.
>
> Teresa de Ávila

A tu manera nace a la luz de una experiencia de Dios singular y única. Su autora ha llegado hasta aquí porque sabe de tempestades y naufragios, se ha visto "a la deriva, sin faro en la oscura travesía", pero también de búsqueda y encuentro. Orando frente al mar -siempre la irresistible belleza de la naturaleza para lo que Mercedes es especialmente sensible-, "rozaste mi alma por un instante, supe de tu presencia, y, en ese amanecer, saliste a mi encuentro".

Su anhelo de Dios viene de lejos y se intuye en sus otros libros de poemas, quizá sin saberlo. Desde su experiencia vital, hace un recorrido sincero dejando que fluyan sus sentimientos, emociones, amores y desamores, el paso del tiempo.

A tu manera se inscribe dentro de la mejor tradición de la poesía mística cristiana. En el cristianismo coexisten una mística de la esencia y una mística nupcial. La poesía de Mercedes Maroto responde a esta segunda, representada en el siglo XVI español por los reformadores del Carmelo. La unión con Dios tiene lugar por participación con la esencia divina sin fundirse en ella. En este libro de poemas, la alteridad, la receptividad del otro, está siempre presente. La autora con términos de hoy habla de certeza de su Presencia; música que acaricia la caña seca; soplo de viento; lluvia constante, semillas de paz... Juan de la Cruz y Teresa de Ávila dirían la "amada", el "esposo", como mediación constitutiva de la misma experiencia mística.

El hacer de Dios sobre este mundo la autora lo experimenta y vive como Amor. Por eso, su respuesta no puede ser otra: "A tu manera, Señor". Este verso que pone fin al libro significa toda una actitud ante la vida de quien ha quedado prendada por el estilo de un Dios que se entrega hasta el exceso a sus criaturas. De ello habla la tercera parte de este poemario.

Para Mercedes la mediación con la que aportar este mensaje es la Poesía con mayúscula. Utiliza con destreza exquisita la métrica clásica, así como el verso libre. Sus poemas nos adentran en el silencio o en la soledad; en la naturaleza o en las profundidades del alma humana, para captar la Presencia y conectar con aquello que da vida.

Mercedes, no será este el último libro de poesía que nos regales, porque lo que buscas es más grande aún, y tu sed de transcendencia es a la medida del Infinito.

Maribel Sancho Royo

INTRODUCCIÓN

Nace *A tu manera* de la necesidad de comunicar mi experiencia de fe a través de una serie de poesías-oraciones que ponen de manifiesto los distintos momentos por los que un creyente puede pasar en ese largo y fructífero camino de la fe cristiana.

En la primera parte, "De tempestades y naufragios", se abordan inquietudes y experiencias vitales que dan paso, unas veces a la súplica y otras a la incomprensión de las desgracias que asolan al mundo y a la dificultad, desde mi propia debilidad, de comprender los tiempos y los designios de Dios.

Es en la segunda parte cuando, frente a esas situaciones de duda y de lucha interior, surge la necesidad imperiosa del encuentro. Se trata de una búsqueda, a través del silencio, de la oración y de la contemplación de la obra de Dios, que abarca desde la creación hasta el propio ser humano para llegar, como digo, a ese punto de encuentro con el Señor donde las dudas se disipan, el camino se allana, la esperanza aflora, su fuerza nos reconforta y su inmenso amor nos redime.

El último capítulo da nombre al libro y viene a expresar la decisión y la voluntad sinceras de vivir, de servir, de amar "a la manera de Dios", aun siendo conscientes de las dificultades que ello entraña y con la esperanza puesta en esa forma de vivir, en muchos sentidos, a contracorriente de lo que en el mundo impera y de nuestras propias limitaciones.

Se cierra el poemario con estos versos que lo resumen y le dan sentido:

> A tu manera tendré que ver el mundo,
> amar al otro,
> sentir la creación,
> comprender mi pequeñez,
> rozar tus llagas,
> cerrar las ajenas,
> abrazar las mías...
> A tu manera, Señor.

Mercedes Maroto

1

[DE TEMPESTADES Y NAUFRAGIOS]

No piense, aunque parezca que sí,
que está ya ganada una virtud,
si no la experimenta con su contrario.

➤ Santa Teresa de Jesús

Hay que verse a la deriva

Hay que verse quizá a la deriva,
sin faro en la oscura travesía,
de razones huérfana,
con la mente sola y vacía
y vapuleada por los vientos,
para clamar tu nombre, ¡Dios!

Hay que verse quizá a la deriva,
sorda por el bramar de las olas,
perdida en las mareas del olvido,
girando la brújula de la vida,
deseosa de hallar mi norte,
pendiendo del frágil hilo
de mi mente, para clamar tu nombre, ¡Dios!

Hay que verse quizá a la deriva
y, en medio del océano del mundo,
saberse débil y perdida,
con la mirada deseosa,
el corazón abierto,
las manos suplicantes al cielo,
mi voz clamando ¡Dios!
y hallar al fin una luz,
una mano amiga
el aleteo de unas alas,
la frescura de la aurora
y su brisa rozando las velas inmóviles
de mi velero varado
mientras te pregunto:
Señor, ¿eres Tú?

Nuestras losas

Losas que ciegan luces y verdades,
losas que perpetúan las rencillas,
losas que callan versos y quimeras,
losas que ahogan risas y alegrías,
losas lanzadas como proyectiles,
losas que la belleza sacrifican...

Son, al cabo, las losas de los hombres,
ajenos a sus sombras y mentiras.

Tal vez tu Cruz aliente la esperanza,
nos renueve, nos salve y nos redima.
Tal vez tu renacer enseñe el bien
al hombre, que del odio se esclaviza,
en mil guerras se pierde, ciego, solo,
sin Dios y sin timón, a la deriva...
Y, tal vez, con tu Amor de Padre, rompas
las losas que oscurecen nuestras vidas.

Amanece, pues, míranos, rescátanos,
el mundo se deshace, tiene prisa.

La guerra

Si suenan tambores de lucha,
de tristeza y desaliento;
si se alza la lanza del poderoso,
se extienden las lenguas de fuego
y se desborda el océano de la avaricia...
Entonces..., no llegará la primavera.

Si de las nubes llueve metal,
y el humo oculta al sol;
si la tierra fértil se torna en erial,
arden los bosques
y reina el caos y el desamor...
Entonces..., no llegará la primavera.

Si no apaciguamos nuestras iras,
rencores y desamores,
si no se despeja la bruma de la noche,
si no dejamos crecer las flores,
y arden sus retoños...
Entonces, llegará la guerra.

Deja, Señor, que las amapolas
se extiendan como mareas
sobre los verdes campos:
inunda nuestro pecho despiadado
con el aire fresco de tu misericordia.
Haz que el monstruo del egoísmo
duerma con sueño eterno,
que el único poder sobre la tierra
sea el de tu infinito Amor.

¿Qué puedo hacer?

Está tan alta tu Cruz...
A veces, miro hacia arriba,
y solo veo una imagen triste,
sangrante, ausente, sin vida,
inerte, débil, abatida...
Veo solo al hombre
con mis ojos ciegos,
escucho solo tu silencio
con mis oídos sordos,
te hablo con palabras mudas
con mis labios impotentes,
alzo mis pies para rozarte
pero mis manos no llegan a Ti.
¿Qué puedo darte?

Mas, a veces, me parece entrever
un haz de luz sobre tu madero,
una brisa fresca que en él se detiene.
Es entonces que se abre mi torpe mente,
es entonces cuando mi corazón estalla,
mis ojos te perciben, mis oídos te escuchan
y mis manos te alcanzan
y creen rozar tus pies clavados,
creen acariciar tu rostro marchito,
tus sienes doloridas, oír tu voz suplicante...

Miro alrededor y comprendo...
El hombre clavado en esa Cruz
es el mundo que me rodea,
tan masacrado, tan débil y sumiso,
tan pobre, tan necesitado;
un mundo que sufre por nuestra ceguera,
nuestra sordera, nuestro silencio...
Sí, tu Cruz está alta,
pero tu reino está cerca, a mi lado.

Solo un mal sueño

Este peregrinar por los sonidos del mundo,
por mis silencios, por los tuyos, Señor,
se hace largo...
Esta espera por lo inalcanzable,
por mi impaciencia ante tu paciencia, Señor,
se hace eterna...
Este vacío de sentido, este andar sin norte
por desiertos de desamor, persiguiendo tu Amor, Señor,
se hace enorme...
Este anochecer eterno en un cénit sin fin,
sintiendo mis nubes arreboladas, sin Ti, Señor,
pesa y mucho...

Esta zozobra en mitad del océano infinito,
este presagio de tormentas que amenazan,
esta realidad de sinsabores y ausencias,
esta culpa por cruces ignoradas,
esta rebeldía por impotencia,
esta soledad, este hambre de "creer",
se confabulan en mi mente cansada.

Mas, a veces, despierto...
Descubro, agradecida, que solo es un mal sueño,
pues ha amanecido y mi alma se estremece
ante la débil luz de la mañana;
la tempestad se desvanece,
el silencio reina,
tu brisa me roza,
tu paz se impone,
tu Verdad en mí renace,
y, postrada ante Ti, mi fe se fortalece...

Tus tiempos, tus silencios...

No son tus tiempos los míos, Señor;
a veces, voy como río desbocado;
otras, como mansa corriente.
Precipitada, intento hallarte con premura;
cansada, desisto de encontrarte.
Y en este ir y venir descompensado,
ya no sé si te busco
o, si por creer en Ti, ya te he hallado.

Tampoco entiendo tus silencios,
se prolongan demasiado...,
mas como tu devenir en el tiempo no entiendo,
ya no sé si tu olvido es poco, mucho o por mí inventado.

Quisiera que supieras
que me falta la paciencia
y que me sobra el desencanto;
que te escondes en tus tiempos,
que no son los nuestros
o habitas en el silencio
cuando yo, aun luchando,
sucumbo al murmullo o al estrépito del clamor mundano.

Sabes bien que son momentos
débiles, esporádicos, humanos,
mas te ruego, Señor mío,
que acortes la distancia, el espacio
que entre tus silencios y los míos
nos van alejando.
Menos mal que confío
en que nunca soltarás mi mano.

En la flaqueza

Sentirse pequeño rodeado de cosas pequeñas...
gota en el inmenso mar,
flor humilde en un prado sin fin,
avecilla cruzando los cielos,
niño en los brazos de su madre,
mota de polvo en el universo,
nota silenciosa en el ruidoso mundo...

Solo así, con humildad, se puede
palpar el escalofrío de la soledad,
la flaqueza de nuestro yo,
comprender lo que somos,
reconocer nuestra verdad,
sabernos sus hijos,
postrarnos ante su Cruz...

Solo así hallamos la fuerza
para elevar nuestro canto hacia Él,
para sentir su misericordia, su Amor.

Solo así, sabiéndonos pequeños,
humanos, débiles, sinceros, humildes,
seremos fuertes e invencibles
abrazando nuestra fe con lealtad.

Regálanos tu paz

Qué fácil descubrirte en la naturaleza,
percibir tu amoroso roce cuando amanece,
sentir que estás presente y que todo obedece
al resplandor, Señor, de tu inmensa belleza.

Qué difícil oírte, creerte en la crudeza
del dolor de la guerra, donde la maldad crece,
la esperanza no existe y el bien se desvanece,
dejando en las retinas el miedo y la tristeza.

Dinos cómo entender tan magno sufrimiento,
cómo verte en los rostros de los niños heridos,
en las manos alzadas que tu piedad reclaman.

Regálanos tu paz, un soplo de tu aliento,
un rayo de esperanza para los afligidos;
mueve al amor a quienes tanta sangre derraman.

2
BÚSQUEDA Y ENCUENTRO

En la noche dichosa,
en secreto,
que nadie me veía,
ni yo miraba cosa,
sin otra luz ni guía
sino la que en el corazón ardía.

❯ San Juan de la Cruz

Haré silencio

Haré silencio en mi mente
para escuchar tu llegada
y enterneceré mi corazón
para abrazar tu nombre.

Ni el eco de los tambores,
ni el palidecer del cielo,
ni el mar sin horizonte,
ni los sueños rotos,
ni siquiera la misma nada
cegarán tu presencia.

Miraré hacia dentro,
se estremecerán mis entrañas,
temblarán mis cimientos,
llorarán mis recuerdos,
vaciaré todo mi ser...
Mi casa, será, entonces,
mar amigo, mar sereno.

Sabré entonces
de tu presencia constante,
de tus desvelos,
de tu mano amiga tomándome la mía;
y la niebla será ligera bruma,
el ocaso, el sueño del día,
el océano, infinito cénit azul,
el vacío se colmará de plenitud
y Tú, mi Dios, estarás en mí.

Algunos silencios

Hay silencios que golpean el alma
y truenan en nuestro interior,
como hay palabras que rugen
y acallan todo intento de amor.

Hay noches largas de vela,
de soledades sin sentido,
de esperanzas muertas.

Así es a veces el ser humano
que, aun palpando la belleza,
aun colmado de dones,
aun salvado por Amor,
reniega de tanta bondad
y se encierra en su triste yo.

¿Qué más tiene que hacer el Señor?
¿Cuánto más alto ha de hablar?

Podemos verlo en la naturaleza
que cada mañana nos saluda,
en sus flores, en sus mares,
en los desiertos, en las selvas,
en las ciudades, en el firmamento...

Podemos verlo en el hermano solo,
en el hermano herido y suplicante,
también en el hermano alegre y generoso,
y podemos verlo en su Cruz,
que es la nuestra, la de cada día.

Saliste a mi encuentro

Ayer oré frente al mar,
estaba amaneciendo...
Todo estaba en calma:
la luz, el agua, hasta el cielo callaba.

Abrí mi pecho, alcé mi pensamiento,
miré lejos, abracé el silencio...
Te esperé largamente,
creí que no llegarías,
mas en ese contemplar,
en ese lugar y tiempo,
Tú te hallabas meciendo
las olas calmas,
despertando al sol,
soplando al viento.

Rozaste mi alma por un instante,
supe de tu presencia,
y, en ese amanecer,
saliste a mi encuentro.

Preparando el encuentro

Hoy, te haré llegar mi voz
cual canto dulce y sereno
o como lluvia ruidosa
que, alegre, cae del cielo.

Te llamaré, Padre mío,
pues sé que mi débil eco
se enredará con el aire
del mar, limpio y fresco,
en una danza infinita
hasta llegar a tu pecho.

Y te diré, "Ven Señor,
ya preparo nuestro encuentro,
¿no notas cuánta alegría
brota de mis humildes versos?"

Y una vez más, llegarás
abrazando mi silencio,
inundando mi existencia,
mis soledades barriendo,
tu certeza deslumbrándome,
regalándome el sosiego.

Y te diré, ilusionada,
"Ven, Señor, a nuestro mundo,
que de amor está sediento".
Despierta nuestros sentidos,
abre nuestros ojos ciegos,
que nuestros labios te aclamen,
pues es tiempo ya de Adviento.

Me llamaste

Se me llenó la mirada de azul,
el corazón, de alegría,
la mente, de belleza,
las manos, de amor compartido:
mis versos soñadores hacia Ti volaban,
mis palabras bailaban con el viento
y mi corazón sonreía agradecido.

Tu Palabra fue ungüento de amor,
tu Luz, un océano,
tu Voz se extendía cual marea.

Tú, Señor, fuiste vértigo incontenible,
mas también llamada amable,
mar de dulces olas,
canción embriagadora,
imán irresistible...

No es soñar lo que siento

En este silencio tuyo y mío,
en esta escucha paciente,
en esta búsqueda querida,
en este instante indeleble,
aquí estoy, Señor.

Seré para Ti lo que quieras,
ave que vuela,
arroyo que fluye,
fuente que canta,
viento apacible, huracán,
amanecer, ocaso, lluvia, sol,
lo que quieras...

Y siento que:
tu Palabra silente me arrulla,
tu Cruz me salva,
tu Luz me deslumbra,
tu abrazo me arrastra
y tu infinito mirar se adentra
en este pecho cansado,
en mi frágil cuerpo,
en mi alma inquieta,
ávida de tu mirada eterna,
henchida de agradecimiento.

Y no es soñar lo que siento,
pues despierta y alerta me mantengo;
quiero seguir rozada por tu brisa,
amparada bajo tu manto,
abrazada por tu Misericordia,
atravesada por tu llama de amor divino.
Esto, Padre mío, es lo que quiero...

Te necesitamos

"Deja, Señor, que las amapolas
se extiendan como mareas
sobre los verdes campos..."
Así te rezaba no hace mucho, Señor...

Hoy, los campos se tiñen de rojo,
mas no de flores sino de sangre,
de la sangre de cuerpos inocentes,
de criaturas que son tus hijos.
Las calles se visten de desolación
y las miradas de llanto;
las flores son fusiles,
el cielo se ilumina no de luceros
sino de destellos asesinos.
La barbarie humana reaparece,
el hambre, el desarraigo, la humillación,
el dolor, la tristeza, el caos...

¿Dónde estás Dios mío?,
¿tan lejos estamos que no nos escuchas?
¡Qué cerrados debemos tener nuestros corazones!
Sin embargo, Padre nuestro, escucha nuestro grito porque
necesitamos tu abrazo de Amor,
necesitamos aprender de tu misericordia,
necesitamos de tu generosidad,
necesitamos que tu Luz guíe a los poderosos,
necesitamos tus palabras de paz y perdón.
Amén.

Tu presencia

No es casualidad este lento amanecer
sobre un cielo enmudecido;
no es casualidad que el aire se detenga,
la ciudad duerma
y el azul del mar esté en calma...

Te haces presente, Dios mío,
en la luz de la mañana
y ante Ti se postra el universo,
haciéndose silencio.
Tú abrazas el todo,
Tú lo alimentas,
Tú lo envuelves,
Tú lo acaricias,
Tú lo amas.

Y rebosa tu vaso de amor y ternura
derramándose sin límites
para alimentar versos y palabras,
romper los muros de la mente,
abrir mis ventanas a tu océano,
correr hacia tu encuentro,
inundar de gozo el alma...

No es casualidad tu presencia,
que todo lo abarca;
mi Fe en ti
llena el silencio,
nutre mi vida,
alienta mi esperanza.

Sácianos de tu misericordia

Hoy contemplo una vez más
la belleza de este amanecer;
lo tomo como regalo, Señor,
porque es la vida lo que me das.

Entre las nubes doradas,
también bailan las sombras
y hasta la oscuridad del mar
me produce temor e incertidumbre
cuando en ella no te hallo aun buscándote.

Mas el roce del viento sobre las olas
me recuerdan que estás ahí,
que estás en mis sombras y zozobras.
Es la vida lo que me regalas,
adornada de belleza, a veces;
ensombrecida, otras.

Si amaneces en mí,
es el sol y su Amor lo que siento,
es tu fuerza mi océano,
es tu Luz la que me deslumbra,
es tu paz la que me abraza y acoge.

Sé que me habitas
en este nuevo despertar,
alimentando mi alma hambrienta
y salvándome de mis temores y dudas.

3

[A TU MANERA]

Queridos míos, amémonos unos a otros,
porque el amor viene de Dios.
Todo el que ama ha nacido de Dios
y conoce a Dios.
El que no ama no ha conocido a Dios,
pues Dios es amor.

❯ Juan 4,7-8

Como niños

Recuérdame, Padre mío,
cómo era de niña,
si mi mirar era dulce,
si reía a carcajadas...

Yo me recuerdo
soñando con nubes blancas,
fundiéndome con el mar azul,
agradeciendo el sol, la lluvia,
el viento, las flores, las estrellas,
maravillada ante la inmensidad del universo...

Recuérdame, Padre mío,
qué sentía al abrazar a mis padres,
al rozar las manos de mis amigos,
cómo sabía entonces la vida,
cuando el tiempo latía lentamente,
con mis cosas de chiquilla,
mis ojos curiosos,
mis oraciones a María,
mi Ángel de la Guarda velándome...

Ven como soplo de viento

Aquí estamos, Señor, en la espera...
Tu Espíritu tendrá que saciarnos de fe,
llenarnos de amor,
abrir nuestro entendimiento,
rozar nuestro corazón,
librarnos de nuestras soledades,
miserias y debilidades.

Tu Espíritu nos hará
proclamar tu nombre,
sin ataduras ni miedos,
sin egoísmos ni vanidades,
impulsados por tu Palabra,
abrazados por tu perdón,
pletóricos de vida.

Tu Espíritu llenará el silencio
de humildes versos agradecidos,
que los esparcirá el viento;
y, allá donde quieran posarse,
serán quizá leídos
por quien a Ti quiera alabarte.

Ven como soplo de viento;
aquí estamos, Señor, a la espera...

Esperando tu música

Escucho tu Palabra, alimento de mi alma,
y la espero, anhelante, como lluvia que refresca
o como agua de mar que cura y sana.
A veces, es viento que, libre, se adentra
en la caña seca de mi flauta para tocar dulcemente tu música,
melodía constante de caricias en este mundo vacío de ternura,
en esta tierra seca y árida.

Aquí me tienes esperándote,
con mis dedos listos para tocar
las notas que en mí broten,
a tu antojo, al ritmo que Tú quieras.

Aquí me tienes esperándote;
he abierto mi ventana de par en par
y he dejado mis versos sobre ella;
algunos, un tanto marchitos,
otros, recién florecidos, a la espera...

Sabrá tu Espíritu, Señor, recogerlos,
cuidarlos, abonarlos, quererlos
para que sea yo esa música que acaricia,
esa lluvia que alegra,
esa sal que cura,
esa tierra fecunda que florece,
ese manantial de Amor sin mesura.

"Gloria al Padre, al Hijo y al Espíritu Santo"

Mis versos se llenan de alegría
y mi voz de agradecimiento,
mis ojos de admiración,
mis oídos de música
y mis manos se elevan hacia el cielo
y pienso...

Es nuestro Padre, Creador del universo,
que nos invita a descubrir
su rostro en la creación de la belleza,
de los océanos inmensos, de nosotros, criaturas pequeñas...,
en un derroche de amor, de generosidad,
que nos invita a la comunión de los hombres,
a descubrir la Verdad
entre las soledades de esta vida.

Es Cristo, que nos regala la libertad,
la salvación por su Cruz,
la capacidad de hacer el bien
curando con las suyas nuestras heridas,
salvándonos, mirándonos, abrazándonos,
pues somos hijos de su Amor infinito.

Es Dios hecho Espíritu que nos inspira,
nos guía, nos sana, nos instruye...
siendo horizonte para el ciego y melodía para el sordo,
miel por su Palabra, manos que nos llevan
y acarician en nuestros caminos.

Es Dios, derramando su Amor
sobre la humanidad...

No hay muerte, sino vida eterna

No hay muerte, solo amor de Dios;
como faro vigía, dirige nuestro velero hacia Él,
nos libera de nuestra ceguera,
nos sostiene en la oscuridad,
nos conduce hacia su luz eterna.

No hay muerte, solo su misericordia;
como Padre bueno nos espera,
como Salvador nos redime,
como Señor nos conduce en las sombras,
como amigo nos abraza.

No hay muerte, solo VIDA;
nos regala la existencia,
la libertad para amar su obra,
la certeza de su presencia,
la plenitud de lo infinito.

No hay muerte, solo eternidad
en su Palabra,
para su creación,
en su silencio,
para sus hijos,
en la muerte...
Tú, mi Dios, eres esperanza.

Otra primavera

A pesar de las maldades de este mundo,
de la indiferencia ante el dolor,
de la negación de tu Verdad,
de nuestra desesperación,
ya ves, Señor,
Tú nos regalas otra primavera.

Qué ciega anda esta tierra iracunda,
donde la vida no vale nada,
donde se siembra rencor y olvido,
indiferencia y desamor.
Y ya ves, Señor,
Tú nos regalas otra primavera.

Ajenos a los signos de nuestra decadencia,
esclavos del exceso y de la abundancia,
postrados ante los dioses de la avaricia,
la historia se repite para nuestra vergüenza.
Y ya ves, Señor,
Tú nos regalas otra primavera.

Cuando veo que un año más
los campos se inundan de flores
y los árboles se reverdecen con sus hojas nuevas,
comprendo cuán grande es tu misericordia,
pues aún sembrando caos y destrucción,
Tú, con tu infinito amor, nos devuelves la vida.

Que llueva a cántaros

Llueve a cántaros sobre la tierra seca,
se alegran los campos,
renace la vida...

Así se aviva nuestra fe
cuando tu Palabra llueve,
humedeciendo lo añejo,
removiendo conciencias,
dejando al descubierto verdades;
y el repicar continuo de tu Voz
se extiende como eco imparable
en nuestros silencios y soledades,
despertando nuestras hojas dormidas,
rozando nuestras debilidades.

Que llueva, pues, a raudales,
que nos inunde tu presencia
para que nuestra tierra sea fecunda,
limpia, ávida de semillas, abundante...

Que llueva sin descanso
sobre la furia de nuestras batallas,
las de la guerra, las nuestras, las de cada día,
apagando egoísmos y barbaries,
acariciando y sanando heridas.

Que llueva, Señor, sin medida,
sobre el corazón de cada hijo tuyo,
pues estamos faltos de amor,
y solo tu lluvia constante apagará la ira de este mundo.

Semillas de paz

Tú, Padre de la misericordia,
perdónanos por nuestras miserias,
barbaries, injusticias, egoísmos,
vanidades, desprecio de la vida,
violaciones de la naturaleza,
opresión hacia los débiles,
violencias, obsesiones, cegueras...

Tú, mi Dios, que creaste la belleza,
Tú, Señor mío, hacedor de la bondad,
Tú que sabes de sufrimientos y penas,
Tú que viniste a salvarnos de la oscuridad,
derrama tu Espíritu sobre la tierra,
enternece el corazón de los violentos,
suaviza su ira y su codicia,
llama a los justos en tu nombre,
silencia los tambores de la guerra,
abraza a tus hijos heridos por el mal,
acaricia sus ojos,
besa sus frentes,
limpia sus manos,
doblega sus rodillas...

Tú, Padre del cielo, Padre nuestro,
esparce tu amor entre tus hijos
y regálanos semillas de paz.

A tu manera

Viendo tu obra observo, Padre mío,
la grandeza de tu Amor:
fabulosa y sorprendente es la naturaleza,
infinito e insondable el universo,
único y a tu semejanza el hombre.

Mas en cada flor o ser minúsculo,
en cada puntual aurora o mágico atardecer,
en cada mar en calma o enfurecido,
en cada ser conocido o no,
percibo " tu manera" de hacer...

Y tu manera me enseña que tal grandeza
proviene de la mera sencillez,
de la autenticidad de lo pequeño,
de los silencios puros,
del gesto, el beso, el abrazo, sinceros...
de tu Palabra amiga,
de la soledad de tu Cruz.

A tu manera tendré que ver el mundo,
amar al otro,
sentir la creación,
comprender mi pequeñez,
rozar tus llagas,
cerrar las ajenas,
abrazar las mías...
A tu manera, Señor.

ÍNDICE